Serafino Ghiselli - Pasqua Melandri

IL FILO
DELLE
PAROLE

Albo attivo di lavoro linguistico
secondo i nuovi programmi
della scuola elementare

D1720560

1

EDITRICE LA SCUOLA

Illustrazioni di Carlo Galleni
Copertina di Giuliano Prati

Officine Grafiche «La Scuola» - Brescia
ISBN 88 - 350 - **7928** - 4

IO

A

SCUOLA

VOCALI

■ Come comincia?

ANCORA ....LICOTTERO ....SOLA CA....OVO

■ Completa:

C....NE PAN.... LE....NE FIOR.... L....NA

CONSONANTI

■ Come comincia?

....UCERTOLA ....ARCA ....APONE ....ARTARUGA

■ Completa:

CA....A MA....E MA....O NI....O U....A

VOCALI

■ Unisci con una freccia la parola al disegno. Cerchia di rosso le vocali:

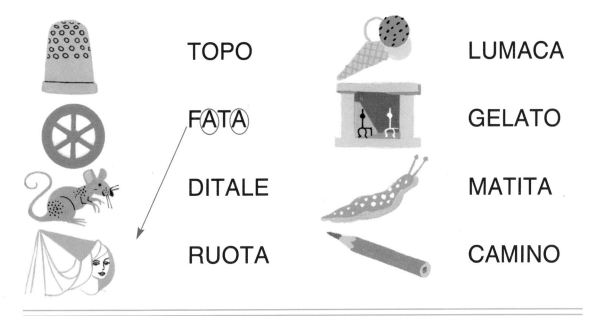

TOPO

FATA

DITALE

RUOTA

LUMACA

GELATO

MATITA

CAMINO

CONSONANTI

■ Unisci con una freccia la parola al disegno. Cerchia di rosso le consonanti iniziali:

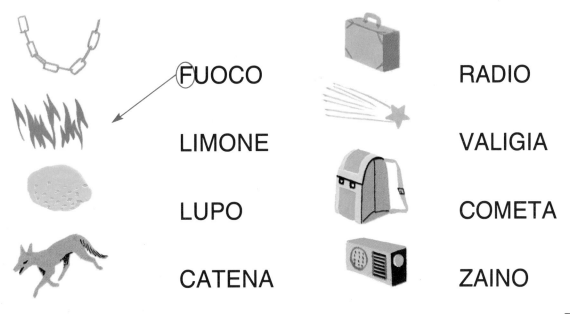

FUOCO

LIMONE

LUPO

CATENA

RADIO

VALIGIA

COMETA

ZAINO

CA CO CU / CE CI

■ Completa e trascrivi sul quaderno:

SUONO DURO

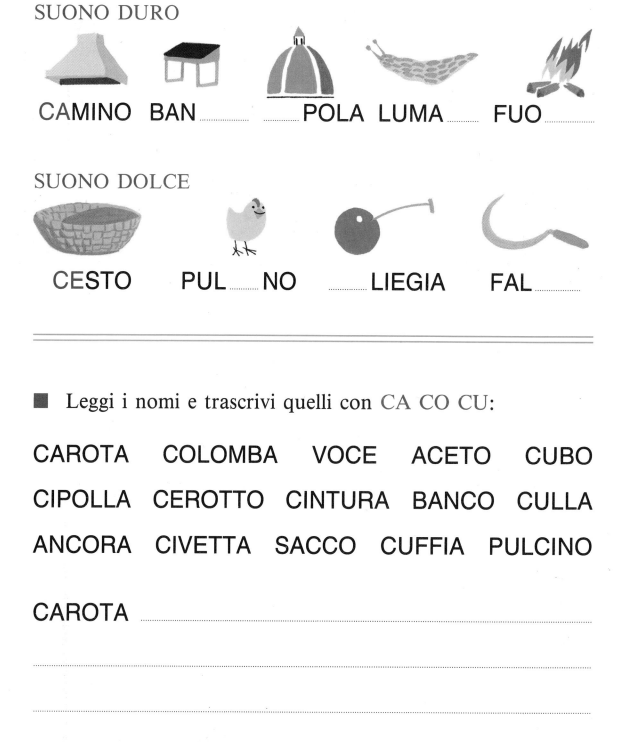

CAMINO   BAN_____   _____POLA   LUMA_____   FUO_____

SUONO DOLCE

CESTO   PUL_____NO   _____LIEGIA   FAL_____

■ Leggi i nomi e trascrivi quelli con CA CO CU:

CAROTA   COLOMBA   VOCE   ACETO   CUBO

CIPOLLA   CEROTTO   CINTURA   BANCO   CULLA

ANCORA   CIVETTA   SACCO   CUFFIA   PULCINO

CAROTA _____

_____

_____

_____

GA GO GU / GE GI

■ Completa:

GABBIA .....RLA .....GLIO .....ANTO .....NDOLA

FRA.....LA   TAR.....   AN.....ILLA   RE.....NA   AN.....LO

■ Trascrivi i nomi con GI GE:

GERLA

■ Scrivi ogni parola al posto giusto:

GALLINA GUARDIA GUANCIA GESSO GONNA

OROLOGIO AGO GAMBA PINGUINO GIARDINO

GA	GO	GU	GI	GE
GALLINA				

CIA / CA

■ Trascrivi le parole togliendo la I: CIA diventa CA:

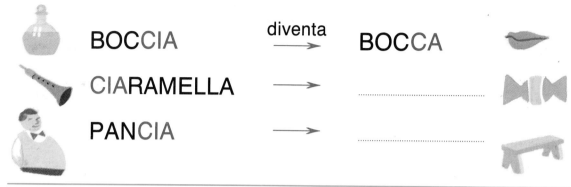

BOCCIA →(diventa) BOCCA

CIARAMELLA → ....

PANCIA → ....

■ Completa e trascrivi:

.......RTELLA

....

.......MBELLA

....

.......BATTINO

....

PAN.......

....

■ In queste coppie di nomi cerchia le parti uguali:

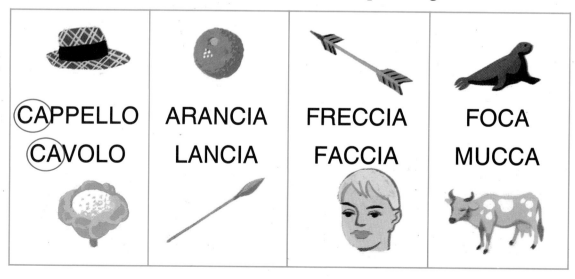

CAPPELLO
CAVOLO

ARANCIA
LANCIA

FRECCIA
FACCIA

FOCA
MUCCA

CO CIO / CU CIU

■ Completa: CO o CIO?

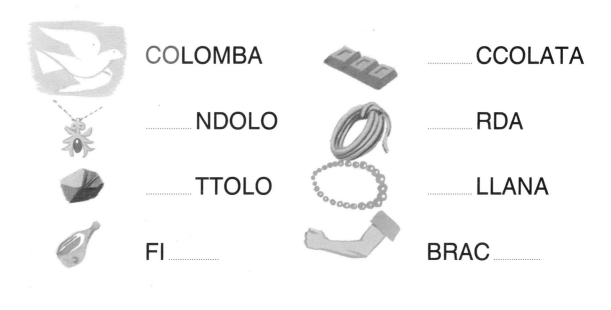

COLOMBA

.... CCOLATA

.... NDOLO

.... RDA

.... TTOLO

.... LLANA

FI ....

BRAC ....

■ Completa: CU o CIU?

Trascrivi
i nomi:

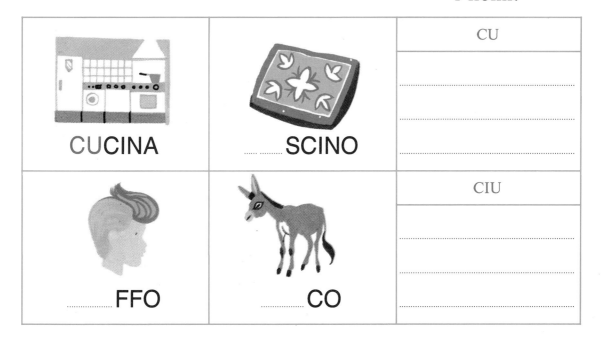

		CU
CUCINA	.... SCINO	
		CIU
.... FFO	.... CO	

G DURO E G DOLCE

GABRIELE HA LA GIACCA GRIGIA.

GUSTAVO È UN GIUDICE.

GIOVANNA HA IN MANO UN GOMITOLO.

GIULIA È IN GIARDINO.

■ Scrivi il nome di ogni persona nella sua casella:

GIOVANNA ....

■ Trascrivi i nomi nella casella giusta:

GA GO GU	GIA GIO GIU

INVERSIONE DELLE LETTERE
NELLA SILLABA

■ Osserva la sillaba iniziale:

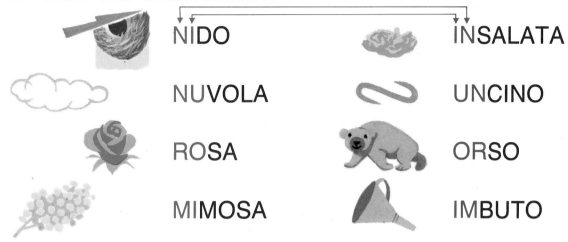

NIDO	INSALATA
NUVOLA	UNCINO
ROSA	ORSO
MIMOSA	IMBUTO

■ Collega con le frecce:

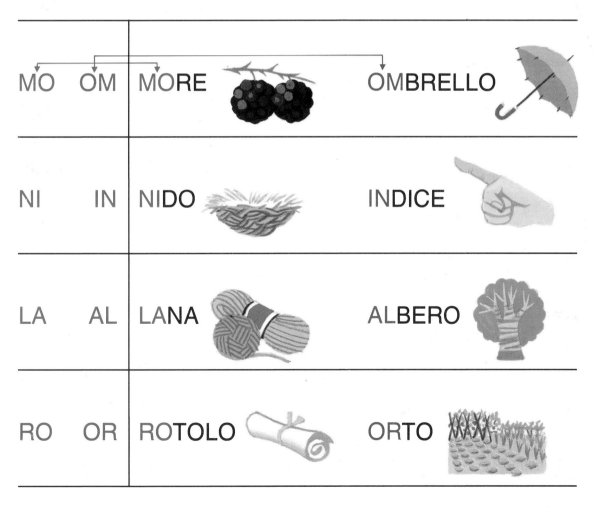

MO	OM	MORE	OMBRELLO	
NI	IN	NIDO	INDICE	
LA	AL	LANA	ALBERO	
RO	OR	ROTOLO	ORTO	

CAMBIO DI LETTERA INIZIALE

■ Correggi:

UNA BARCA

A T̶ELA

...... ELA

MI È CADUTO

IL N̶ASO

...... ASO

■ Metti la lettera iniziale. Che cosa noti?

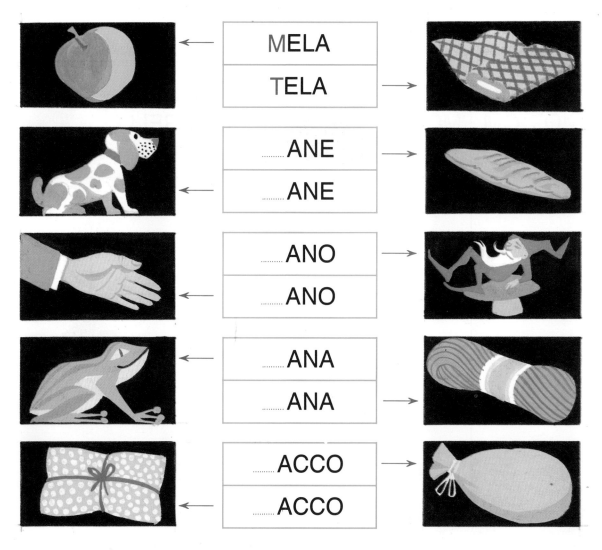

MELA	
TELA	
...... ANE	
...... ANE	
...... ANO	
...... ANO	
...... ANA	
...... ANA	
...... ACCO	
...... ACCO	

CAMBIO DI LETTERA NELLA PAROLA

■ Correggi:

GUARDA LA

L\NA IN CIELO!

L___NA

LUCA LAVORA

CON LA P\LA

P___LA

■ Metti la lettera che manca. Che cosa noti?

 MARE

 MORE

 N___VE

 N___VE

 S___LE

 S___LE

 L___NA

 L___NA

 R___MO

 R___MO

13

COME COMINCIA?

■ Metti in relazione il disegno con la sillaba:

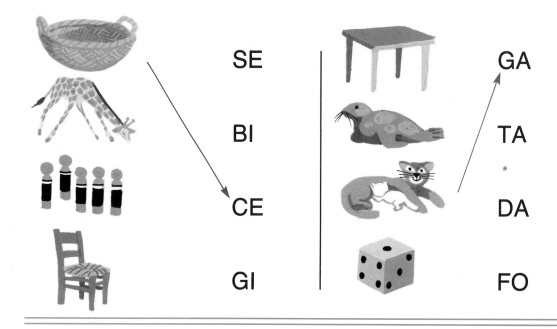

SE

BI

CE

GI

GA

TA

DA

FO

■ Completa:

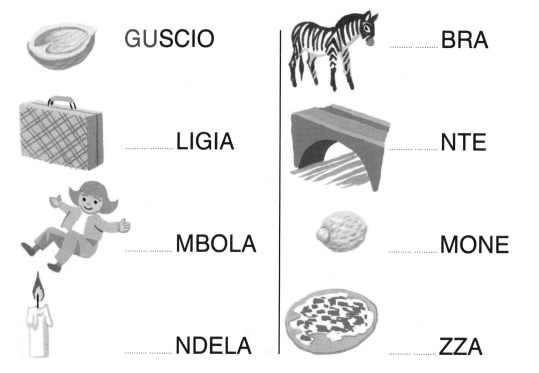

GUSCIO

LIGIA

MBOLA

NDELA

.... BRA

.... NTE

.... MONE

.... ZZA

UN TRENO DI SILLABE

■ Completa i vagoni: ogni vagone una parola.

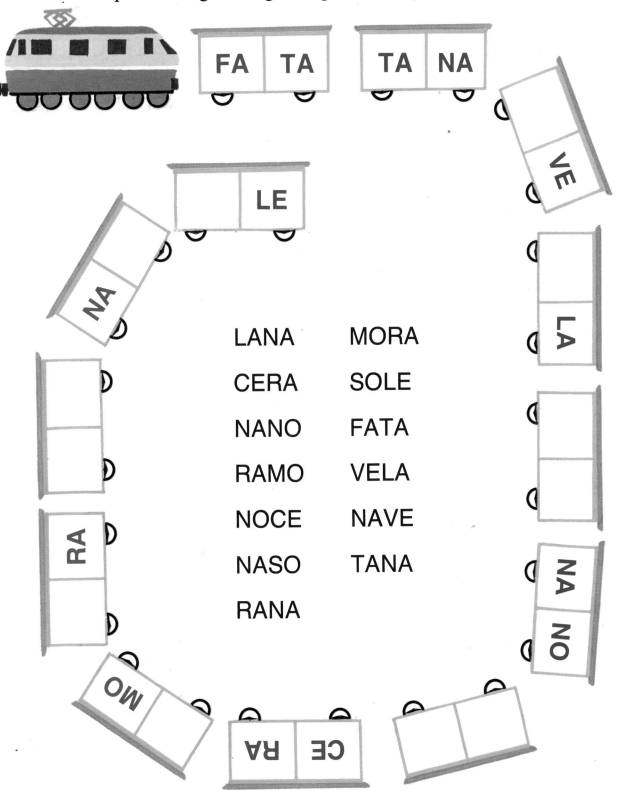

LANA	MORA
CERA	SOLE
NANO	FATA
RAMO	VELA
NOCE	NAVE
NASO	TANA
RANA	

FA TA

TA NA

VE

LE

NA

LA

RA

NA NO

MO

CE RA

SILLABA INIZIALE

■ Trascrivi i nomi con le sillabe iniziali uguali:

LUMACA   TOPO   SACCO

SARTO   LUCERTOLA   TORRONE

TORO   SALAME   LUPO

LU	TO	SA

■ Cerchia le sillabe uguali a quelle scritte in rosso:

 LUMACA    LUPO   PIZZA

 ZAPPA   VULCANO   SAPONE

■ Cerchia la sillaba TO: ■ Cerchia la sillaba CA:

PIAT TO   FORMI CA

TOPO   CANE

BOTTONE   MUCCA

TORTA   BARCA

PRATO   RICAMO

VERIFICA 1ª

■ Ricopia al posto giusto:

TORTA	UOVO	CORVO	PATATA	MELA
AGO	LUNA	GESSO	CAROTA	FIORE
CIELO	OCA	BARCA	ERBA	DADO

■ Comincia con:

VOCALE	CONSONANTE
....	....
....	....
....	....
....	....

■ Ricopia al posto giusto:

CICALA	GIUDICE	GUANTO	CIECO	ARCO
RIGA	CATENA	CIRCO	GOLA	CONO
PECORA	ANCORA	PULCINO	FUNGO	GUFO

SUONI DOLCI	SUONI DURI
CICALA	GOLA
....	....
....	....
....	....
....	....

CORRISPONDENZA TRA CARATTERI

■ Metti in relazione:

MELONE

LUCERTOLA

VIOLINO

COLTELLO

violino

coltello

melone

lucertola

■ Riscrivi in calligrafico:

LA BARCA VA SUL MARE.

LA ROSA È NEL VASO.

LUCA MANGIA IL GELATO.

CORRISPONDENZA TRA CARATTERI

■ Metti in relazione:

tavolo	*sedia*
sedia	*indiano*
indiano	*tavolo*
fragola	*rondine*
ancora	*ancora*
rondine	*fragola*
trottola	*chiave*
chiave	*trottola*
bottiglia	*bottiglia*

■ Riscrivi in calligrafico:

Piero si lava le mani.

La sarta usa il ditale.

La mela è matura.

QUANTI SUONI! QUANTI RUMORI!

 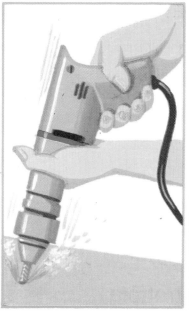 

■ Imita con la tua voce i suoni e i rumori di ogni immagine.

■ Che cosa succede in ogni immagine? Scrivilo sul quaderno.

MANCA IL TITOLO

■ Metti un titolo a queste immagini, scrivilo prima in stampato poi in calligrafico:

....

....

....

....

CHI CHE

■ Riscrivi le parole con **chi che**:

Due ochette, Bic e Bec, litigano per dei gusci di lumache.
Chiara le chiama e dà loro chicchi di frumento.

....

....

■ Completa:

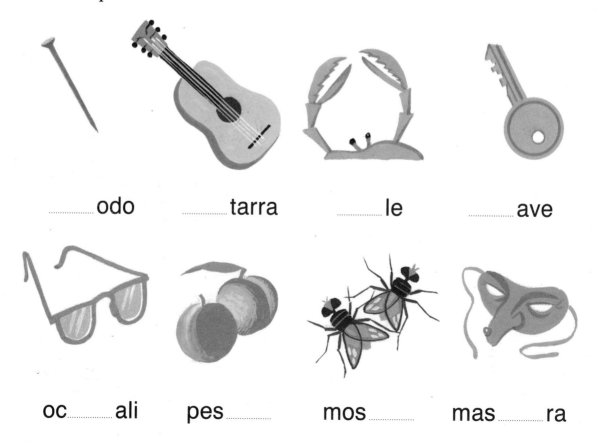

.... odo   .... tarra   .... le   .... ave

oc........ ali   pes........   mos........   mas........ ra

CI CE / CHI CHE

■ Cerchia le parole con **chi che**. Sottolinea le parole con **ci ce**.

Mamma passera è al mercato.
– Noci, pes-che, ciliege! – sente
gridare.
Compra le ciliege, riempie
la sporta e... vola dai
suoi piccoli.

■ Completa e metti in relazione ogni parola con la scatola giusta:

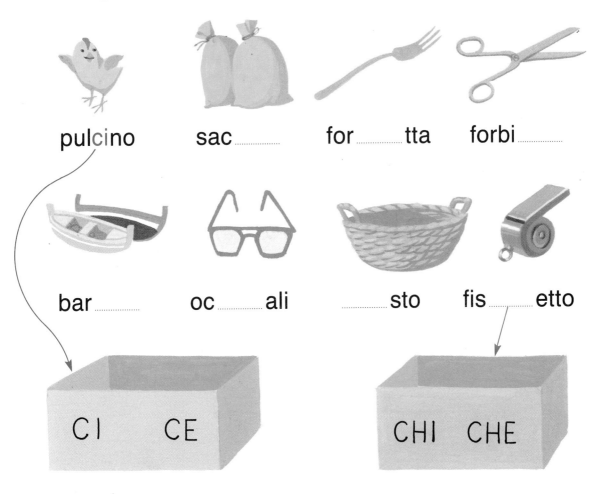

pulcino   sac   for   tta   forbi

bar   oc   ali   sto   fis   etto

CI   CE   CHI   CHE

SCRIVI I NOMI

■ Scrivi le parole-nomi degli oggetti che sono in questa vignetta:

— *armadio*

—

—

—

—

—

—

—

—

—

—

—

—

—

—

—

SCRIVI I NOMI

■ Scrivi nella casella giusta i nomi delle persone, degli animali
e delle cose che vedi nella vignetta:

PERSONE	ANIMALI	COSE

I SUONI DEL MIO CORPO

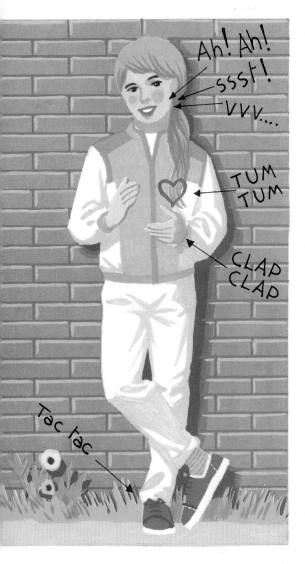

■ Con che cosa puoi fare questi rumori?

■ Completa la tabella:

ssst.....	bocca
vvvv.....	....
tum tum	....
clap	....
tac tac	....
ah! ah!	....

Esegui questi comandi:	batti le mani	sfrega le mani	batti i piedi per terra	batti i pugni sul petto
Pronuncia questi suoni:	clap clap	sssff...	tac tac	pum pum

IMMAGINI E TITOLI

■ Metti un titolo a queste immagini. Scrivilo prima in stampato poi in calligrafico:

....

....

■ Metti in ordine queste due immagini: A-B.

GHI GHE

■ Completa:

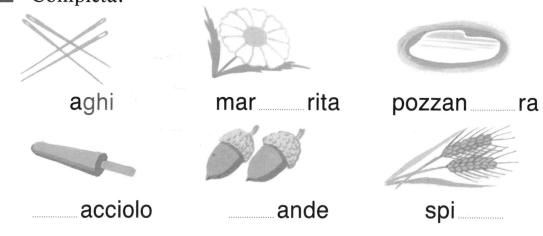

aghi   mar............rita   pozzan............ra

............acciolo   ....ande   spi............

GI GE CON LA LETTERA H:
LEGGI GHI GHE

■ Completa e metti in relazione ogni nome con la scatola giusta:

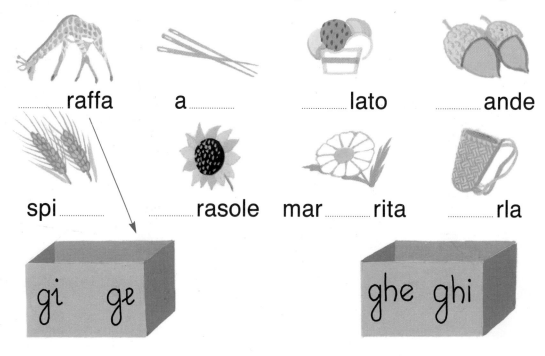

............raffa   a............   ....lato   ....ande

spi............   ....rasole   mar............rita   ....rla

gi ge   ghe ghi

GLI

■ Cerchia il suono gli:

AGLI E TOVAGLIA

Sul tagliere gli agli taglia
non tagliare la tovaglia:
la tovaglia non è aglio,
e tagliarla è un grave sbaglio.

R. Pezzani
(per g.c. Eredi Pezzani)

■ Metti in relazione:

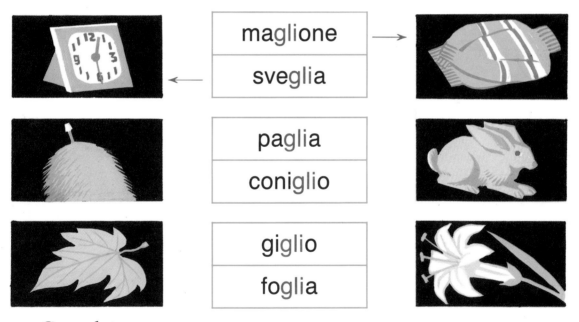

| maglione |
| sveglia |

| paglia |
| coniglio |

| giglio |
| foglia |

Completa:

parole con gli	parole con li
bottiglia, foglio	*veliero, petrolio*

NOMI E INSIEMI

■ Metti in relazione ogni immagine con l'insieme giusto. Scrivi i nomi nelle caselle vuote:

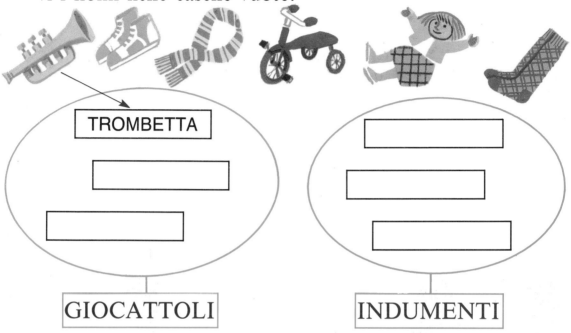

■ Trascrivi questi nomi negli insiemi giusti:

NOMI E INSIEMI

■ Scrivi il nome nelle caselle vuote:

ANIMALI

CALZATURE

■ Scrivi il nome di quattro fiori:

FIORI	ROSA ....
	....

■ Scrivi il nome di quattro tipi di verdure:

VERDURE	INSALATA ....
	....

I SUONI DEL MIO CORPO

■ **Gioca:**

Un tuo compagno:
— batte le mani;
— sfrega le mani;
— batte i piedi per terra;
— batte i pugni sul petto.

Tu, con gli occhi bendati, ascolta i rumori e indovina che cosa fa.

■ Pronuncia questa frase:

> I O   V A D O   A   S C U O L A

■ Batti le mani ogni volta che pronunci una parola.

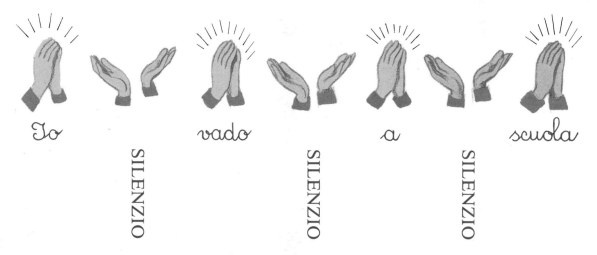

Io   SILENZIO   vado   SILENZIO   a   SILENZIO   scuola

■ **Gioca:** un compagno pronuncia adagio una frase e tu batti un piede per terra per ogni parola che pronuncia.

I TITOLI

■ Quale di questi due titoli è adatto per la vignetta A ?

Quale per la vignetta B ?

UNA PALLA

UNA CASA

■ Metti un titolo a queste due immagini:

GN

■ Cerchia le parole con **gn**:

RAGNATELA

Col lucido fil
di bava sottil,
un nido d'argento
che oscilla nel vento
si fabbrica il ragno
fra il bosco e lo stagno.

L. Santucci
(Da: *Poesie con le gambe corte,* Mursia, Milano)

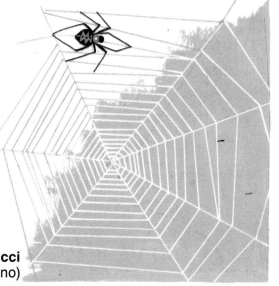

■ Completa:

I cigni sono nello ....

Sara disegna una ....

sulla ....

In campagna ho visto un ....

La .... vive nella palude.

LE CONSONANTI DOPPIE

■ Cerchia le parole con la doppia consonante:

I COLORI

Noi siamo il rosso e il giallo,
facciamo insieme un ballo,
e per combinazione
vien fuori l'arancione.
Noi siam l'azzurro e il rosso,
giriamo a più non posso,
uniti con affetto
formiamo il violetto.
Noi siamo il giallo e il blu,
ci rincorriam su e giù;
ciascun dei due si perde,
e salta fuori il verde.

L. Schwarz
(Da: *Ancora... e poi basta,* Mursia, Milano)

■ Completa:

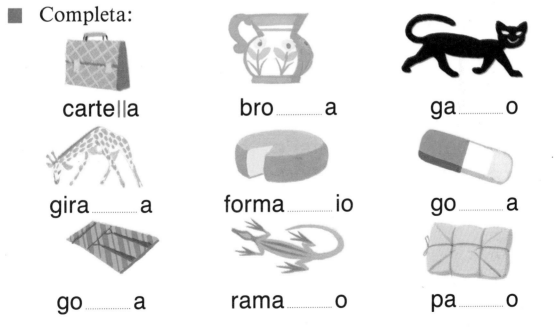

cartella   bro........a   ga........o

gira........a   forma........io   go........a

go........a   rama........o   pa........o

■ Scrivi sul quaderno parole con la doppia consonante.

CHI È? / CHE COSA È?

| Dirige il traffico. | → | VIGILE |

| Ha quattro zampe. Abbaia. | → | |

| È formato da una o più stanze, da un bagno, da una cucina. | → | |

| Un grappolo ha molti acini. | → | |

| Ha un piano per sedersi e uno schienale per appoggiarsi. | → | |

| Ha due ruote e i pedali per farla andare avanti. | → | |

COME SI CHIAMANO?

Io sono un bambino: mi chiamo ....

La mia mamma si chiama ....

Il mio paese / La mia città si chiama ....

Ho un cane; si chiama ....

Se avessi un cane lo chiamerei ....

Ho un gatto che si chiama ....

Il fiume più lungo d'Italia si chiama ....

LA MIA VOCE

| RIDE | | |

■ Imita il suono della voce che le immagini ti suggeriscono.

■ Scrivi queste parole nelle caselle giuste:

TOSSISCE   SGRIDA   BISBIGLIA

RABBRIVIDISCE   CANTA   RIDE

■ Chiedi a un compagno di indovinare che cosa fai mentre imiti una persona che STARNUTISCE .

IMMAGINI IN ORDINE

■ Metti in ordine queste immagini. Comincia da ⊡ :

CU o QU?

■ Completa:

Un aquilone è caduto su di una ....

L'.. vola tra la quiete dei monti.

Il .... è sopra il tavolo in ....

■ Ricopia le parole nel quadro adatto:

Pasqua   cuffia   liquore   quadro
curva   cinque   incudine   cuccia
cuculo   liquido   squisito   custode

qu	

cu	custode

SP   SPR   ST   STR

■ Completa:

La strada ha le _____isce pedonali.

Lucia beve la _____emuta.

Renzo mangia gli _____aghetti.

Nadia ha in te_____a un na_____o rosso.

La biscia _____iscia per terra.

Le fine_____e sono chiuse.

Il pa_____ore co_____uisce l'ovile.

Sulla _____ufa cuoce la mine_____a.

I RITRATTI

Luca è contento.
Franco è
arrabbiato.
Aldo è spaventato.

| Scrivi il nome di ogni bambino. |

Marco è un ragazzo
studioso.
Sergio è un
ragazzo sportivo.

| Scrivi il nome di ogni bambino. |

Tre gatti:
Mina la gattina;
Baffino il gattino;
Masaccio
il gattaccio.

| Scrivi il nome di ogni gatto. |

SUONI E RUMORI IN CASA

■ Osserva questa scena e traccia una crocetta su ogni oggetto che può emettere suoni o rumori.

■ Scrivi qui sotto i rumori che odi in casa tua:

In salotto	Nella tua camera

In bagno	In cucina

METTI IN ORDINE QUESTE VIGNETTE

SCI SCE

■ Cerchia le parole con **sci sce**:

E L'ACQUA

E l'acqua
fresca nasce,
fa ruscelli,
scende,
casca sui sassi,
scroscia
e frusciando
fa il fiume.

R. Piumini
(Da: *Io mi ricordo,*
Nuove edizioni romane)

■ Completa e riscrivi:

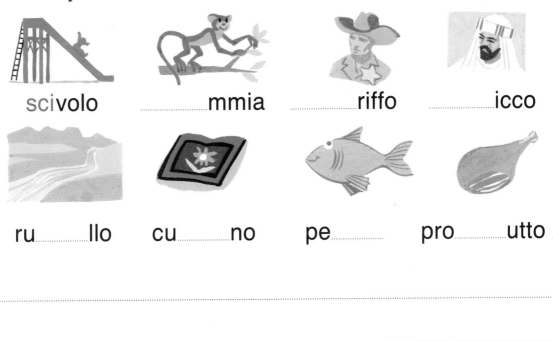

sci volo _____mmia _____riffo _____icco

ru_____llo cu_____no pe_____ pro_____utto

VERIFICA 2ª

■ Completa:

Luigi gio........ con il ....tto e Luca
suona la ....tarra.

Nel bosco un ....ro racco........e
noci e ....ande.

Il coni........o di Marco mangia le
fo........e di cavolo.

Nel prato vi sono le ca........ e gli
a........llini.

■ Scrivi ogni parola al posto giusto:

QUADRO SCIMMIA SCIVOLA CUCINA BAGNATA

La .... porta un vassoio di banane.

Un bruco .... sulla foglia ....

Che bel .... è appeso alla parete!

Quando mia sorella prepara il pranzo, la ....
è in disordine.

CHE COSA FA?

■ Scrivi le azioni dove mancano:

LE AZIONI (verbo)

Luca salta.........

....

Luca...................

....

Luca...................

....

Il cane...................

....

Il babbo...................

....

La maestra.........

....

Il passero...........

....

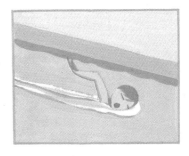

Marco...................

....

Sara...................

....

SCRIVI CIÒ CHE MANCA

■ Scrivi le azioni nelle caselle giuste:

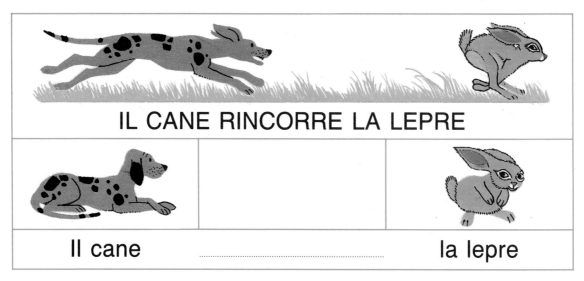

IL CANE RINCORRE LA LEPRE

| Il cane | .... | la lepre |

| Luca | .... | col secchiello | | La mamma | .... | il secchio |

■ Scrivi i nomi nelle caselle giuste:

| .... | ascolta | .... | | .... | cade | dalla | .... |

SUONI E RUMORI IN CASA E FUORI

■ Scrivi qui sotto i suoni e i rumori che senti in casa tua:

Al mattino quando ti alzi	All'ora di pranzo	Alla sera dopo cena

■ Prova a camminare con le scarpe:

Su un pavimento di legno	Sulla ghiaia	Sull'erba del giardino	Su un mucchio di foglie secche

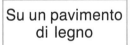

■ Imita con la voce i rumori che suggerisce ogni immagine.

DISEGNA CIÒ CHE MANCA

■ Che cosa disegni nella vignetta n. 4?
Racconta la storia:

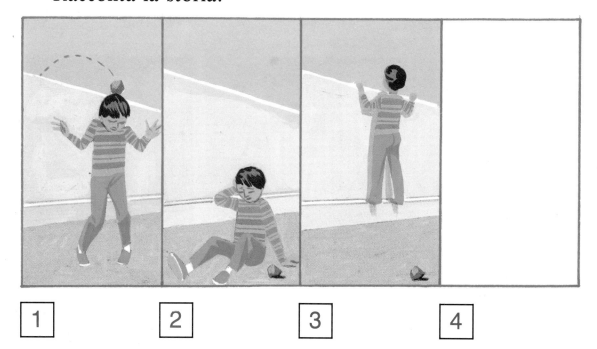

| 1 | 2 | 3 | 4 |

■ Che cosa disegni nella vignetta n. 3?
Racconta la storia:

| 1 | 2 | 3 | 4 |

BAR BRA / FAR FRA / TOR TRO

■ Completa:

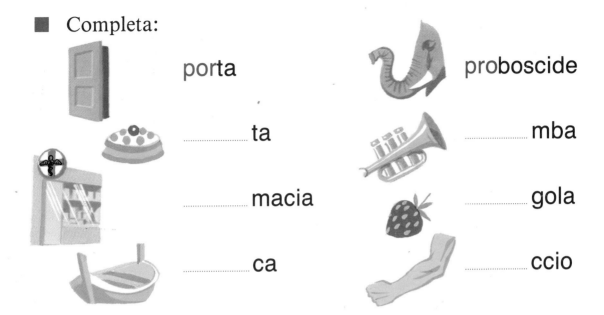

porta

proboscide

.... ta

.... mba

.... macia

.... gola

.... ca

.... ccio

■ Trascrivi le parole sottolineate:

Un grillo vanitoso cantava ogni giorno: si credeva il padrone del prato.
Una mattina, sdraiato, dormiva presso un campo di grano. Un bruco gli gridò:
— Che fai nel mio campo?
Il grillo si svegliò, confuso e intimorito, traballò e scappò via.

....

....

....

■ Trascrivi sul quaderno le parole accentate che sono nel racconto.

E   È

IL BALLO DELLE FOGLIE

È discesa la sera,
è una musica il vento,
si apprestano le foglie,
le molte foglie, al ballo:
è il loro carnevale.

I. Gyuila Gyorgy
(Da: *Il giardino erboso,* Fussi)

■ Cerchia di rosso è, sottolinea e.

Bobo è un cane grasso e vecchio.

Lilli è una cagnolina piccola e graziosa.

Bobo mangia carne e minestra; Lilli mangia riso e verdura.

Bobo è il cane di Giorgio.

Lilli è la cagnetta di Sara.

■ Completa:

La casa è ....

Il fiore   è ....

Lo zaino è ....

La foglia è ....

Il miele è ....

LA FRASE

■ Che cosa disegni nelle caselle vuote?

Giancarlo	legge	il giornale.
	legge	

■ Scrivi le parole adatte nelle caselle vuote:

La sedia? Il cane? La mamma?	....	
....	stira	....

■ Scrivi una parola-azione adatta, in ogni casella vuota:

Il vento → _____

La sarta → _____

La campana → _____

I galli → _____

53

QUANTE FRASI !

■   Quante frasi puoi formare?

| Una rondine | vola | nel cielo. |
| Un aereo | garrisce | nel nido. |

Una rondine _____

Una rondine _____

Una rondine _____

Un aereo _____

■   Quante frasi puoi formare?

Metti in relazione una parola di A con una parola di B con
una di C come nell'esempio. Riscrivi le frasi che hai formato:

A   B   C

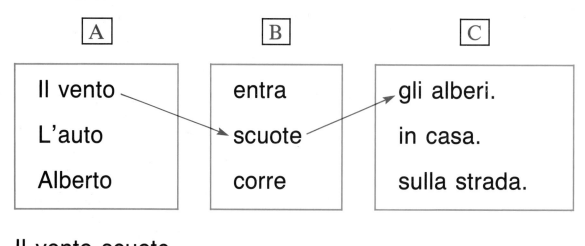

Il vento scuote _____

L'auto _____

Alberto _____

LE AZIONI ORDINATE

■ Scrivi in ordine le azioni che compie la mamma quando apparecchia la tavola:

— **stende la tovaglia.**

— ....

— ....

— ....

— ....

— ....

■ Scrivi le azioni che compi tu a scuola:

— ....

— ....

— ....

— ....

— ....

— ....

— ....

SUONI E RUMORI IN CITTÀ

■ Osserva questa scena e traccia una crocetta su ogni oggetto o persona che emette o può emettere suoni o rumori.

■ **Gioca:** tu imiti il rumore degli oggetti che vedi nella scena; un tuo compagno deve indovinare di quale oggetto si tratta.

■ Quando vai a scuola fai attenzione a tutti i suoni e i rumori che odi per la strada. Quando sei in classe prova a scriverli nell'ordine in cui li hai uditi.

GIANNI E LA MAESTRA

■ Gianni va a scuola. Quali azioni compie?

LEGGE   1. ....

VOLA   2. ....

SCRIVE   3. ....

DISEGNA   4. ....

CANCELLA   5. ....

SI ARRAMPICA   6. ....

LA MAESTRA A SCUOLA

■ Quali di queste azioni compie? Trascrivile nel quadro sotto.

SEGA	CORREGGE	VENDE
CUCE	CUCINA	SPIEGA
SCRIVE	PIALLA	DISEGNA
LEGGE	SCARICA	INSEGNA

....

....

....

....

57

PARENTELE

Questa è la famiglia BIANCHI:

Matteo e Ada sono sposati;

hanno due figli: Sara e Luca.

■ Completa le frasi:

MATTEO è il _____ di LUCA.

ADA è la _____ di LUCA.

MATTEO è il _____ di ADA.

SARA è la _____ di ADA.

SARA è la _____ di LUCA.

MATTEO è il _____ di SARA.

ADA è la _____ di SARA.

ADA è la _____ di MATTEO.

MP MB

■ Cerchia **mp** e **mb**:

Paola e Serena sono compagne di scuola. Abitano in campagna. Ogni pomeriggio vanno a giocare sul piazzale della chiesa vicina. Quando le campane non suonano vedono i colombi posarsi sul campanile.

■ Completa:

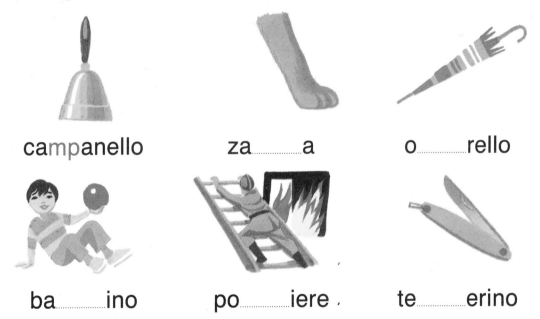

campanello   za........a   o........rello

ba........ino   po........iere   te........erino

■ Leggi e riscrivi in calligrafico:

BANDIERA   IMBUTO

TENDA   PANCA

TAMBURO   SANDALI

CANZONE   BAMBINA

ACQUA

■ Metti i numeri nelle caselle adatte:

1. Renato beve l'acqua della fonte.
2. Gino beve l'acqua dell'acquedotto.
3. Carla si sciacqua le mani.
4. Luigi dipinge con gli acquerelli.
5. Luca vede il gelato: ha l'acquolina in bocca.
6. Lisa lava i piatti nell'acquaio.
7. Nell'acquario di Remo vi sono tre pesci rossi.
8. Il subacqueo esplora il fondo marino.

■ Leggi:

Mario ha acquistato una nuova automobilina.

ALBERTO E IL CANE

■ Quali azioni compie Alberto? Quali il cane?

LEGGE
ABBAIA
DORME
PARLA
CORRE

ALBERTO   ← IL CANE

Il cane abbaia.   Alberto legge.

Il cane ....   Alberto ....

Il cane ....   Alberto ....

                                   Alberto ....

■ Quali sono le azioni compiute dal cane?

....

■ Quali sono le azioni compiute da Alberto?

....

■ Quali sono le azioni compiute da entrambi?

....

L'ORDINE DELLE PAROLE NELLA FRASE

■ Chi compie l'azione?

Sono tornate le rondini.

Chi è tornato? _____

Eravamo stanchi.

Chi era stanco? _____

Sei tornato dal mare.

Chi è tornato? _____

IL   PULCINI   LA   ■ Metti in ordine:

AI   NONNA   BECCHIME   _____

HA   DATO   _____

                          _____

AI   IL   ■ Metti in ordine:

ABBAIA   _____

CANE   LADRI   _____

                          _____

COME SI CHIAMANO I RUMORI?

■ Metti in relazione:

| SQUILLARE |
| SUONARE |
| FRULLARE |
| CIGOLARE |
| TICCHETTARE |

■ Metti in relazione:

| FISCHIARE |
| ROMBARE |
| SFERRAGLIARE |
| SUONARE |
| VOCIARE |
| URLARE DELLA SIRENA |

CHE C'È DI UGUALE?

■ Che cosa hanno di uguale?

- Il colore? ....
- La forma? ....
- La grandezza? ....

■ Che cosa hanno di uguale?

- Il colore è ....
- La forma è ....
- La grandezza è ....

QUI QUO QUA

■ Che cosa hanno di uguale?
Scrivilo:

....

....

....

....

....

■ Che cosa hanno di diverso?
Scrivilo:

....

....

....

....

....

CHE COSA FANNO?

■ Che cosa fa ogni personaggio?

La mamma

Il babbo

Luca

Lidia

Il contadino

Il vigile

QUI QUO QUA QUE

■ Completa:

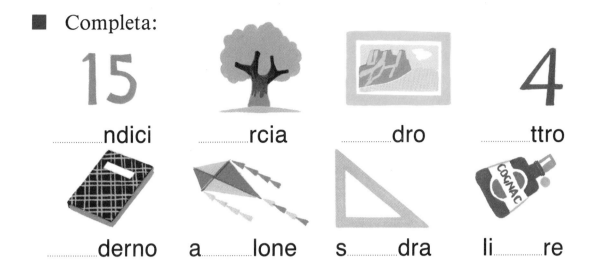

.......ndici   ....rcia   ....dro   ....ttro

.......derno   a.......lone   s.......dra   li.......re

■ Riscrivi le parole con qui quo qua que:

Ogni giorno Luigi compra il quotidiano.
Quando sono col babbo sono felice.
Questo gatto è mio; quello è di Gino.
Nel mio quartiere c'è la chiesa.
Il quarzo è un minerale.
Maggio è il quinto mese dell'anno.

....

....

....

Che disordine!
È tutto a soqquadro.

CUO / QUI QUO QUA QUE

cuoco	scuola	cuoio
scuote	cuore	cuoce

■ Completa:

Il vento _____ i rami degli alberi.

Il _____ di Luca batte forte forte.

Lucia va a _____ volentieri.

Oggi Pina _____ la pasta al forno.

Il _____ prepara un pranzo squisito.

La suola delle scarpe di Marco è di _____

taccuino	Il _____ del babbo è nuovo.

■ Metti le parole nel quadro adatto:

cuoca	liquore	quindici	cuoce	scuotere
liquerizia	cinque	scuola	squadra	cuoio

quo qua qui que	cuo

■ Con ognuna di queste parole scrivi una frase sul quaderno.

LE FRASI DA COSTRUIRE

■ Con questi pezzi puoi costruire due frasi:

| CON | | CARLO |
| | MARIA | | GIOCA |

■ Riempi le caselle vuote:

| CARLO | | CON | |
| | | | CARLO |

■ Con questi pezzi puoi costruire due frasi? Prova:

| I | VOLPI | PULCINI |
| LE | | MANGIANO |

....

....

■ Tutte e due le frasi possono essere illustrate da un disegno?

LA FARFALLA VOLA SULL'ALBERO.	L'ALBERO VOLA SULLA FARFALLA.

UGUAGLIANZA E DIFFERENZA

■ Che cosa hanno di uguale?

....

■ Che differenza c'è fra 1 e 2 ?

....

fra 2 e 3 ?

....

fra 1 e 3 ?

....

SOMIGLIANZE E DIFFERENZE

■ In che cosa si assomigliano le finestre

.... 1 e 3 ?

.... 1 e 2 ?

.... 4 e 5 ?

Hanno la stessa altezza? ....

Hanno la stessa larghezza? ....

■ Quali differenze ci sono tra le finestre

.... 1 e 2 ?

.... 1 e 4 ?

.... 3 e 5 ?

.... 2 e 3 ?

Sono fatte allo stesso modo? ....

Hanno la stessa larghezza? ....

LA MIA GIORNATA

■ Ricopia queste azioni nei rettangoli adatti:

mi alzo
ritorno da scuola
mi lavo
eseguo il compito
gioco a pallone

scrivo il dettato
pranzo
faccio ricreazione
ceno
vado a letto

guardo la TV dei ragazzi

MATTINO

MEZZOGIORNO

POMERIGGIO

SERA

SUONI E VERSI DEGLI ANIMALI

■ Scrivi il nome di ogni animale che vedi nella scena.

■ Imita il verso di ogni animale.

■ **Gioca:** imita con la voce il verso di questi animali; un tuo compagno deve indovinare il nome.

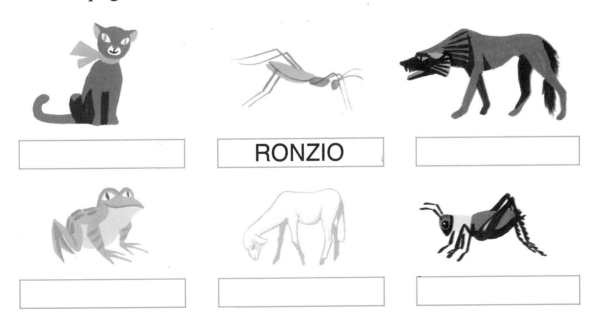

RONZIO

■ Con l'aiuto della maestra o della mamma riempi le caselle vuote.

OSSERVA E SCRIVI

■ Che cosa succede in queste scenette? Scrivilo:

....

....

....

....

....

....

....

....

....

....

....

....

SCI   SCHI   SCRI

■ Riscrivi ogni parola nella casella giusta:

Scimmia   schienale   fischio   maschio

scrivania   uscio   schiavo   scrittoio

vischio   scricciolo   taschino   scrivere

scrittore   asciugamano   muschio   scrivano

sci	schi	scri

■ Completa:

La saponetta fa la .... uma.

La nonna si copre la .... ena
con lo .... alle.

I libri sono sulla .... vania.

LE VOCALI DEL PESCATORE

■ Completa e metti l'apostrofo:

La anatra	Là anatra	L'anatra
Lo uovo		
Lo orso		
La erba		
Lo uomo		
Lo indiano		

una arancia ⟶ un'arancia

una isola

una ancora

una elica

una oca

I TITOLI

■ Scegli la risposta giusta:

○ LO SCERIFFO COLPISCE NIK.

○ LO SCERIFFO BALLA CON NIK.

○ LA MAMMA RIPARA L'AUTOMOBILE.

○ LA MAMMA GUIDA L'AUTOMOBILE.

LA POLTRONA DI PAPERINO

Paperino
è seduto.

Paperino
è seduto
in poltrona.

Paperino
è seduto
in poltrona
nel salotto.

SEMPRE CON PAPERINO

■ Osserva a pag. 78 e ora scrivi tu:

....

....

....

....

....

....

....

....

....

I PENNARELLI

■ Per mettere i pennarelli a posto devi:

○ mettere la scatola nella borsa;

○ chiudere la borsa;

○ mettere i pennarelli nella scatola;

○ mettere il cappuccio ai pennarelli;

○ chiudere la scatola.

■ Trascrivi queste azioni in ordine.

....

....

....

....

....

LE VOCI DEGLI ANIMALI

■ Quali animali disegni nelle caselle vuote?

CIP! CIP!	zzzzz...	gra....gra... gra.... gra..

cri... cri... cri!!	u u u u u!!

■ Metti in relazione:

Pulcino — ruggisce
Cavallo — barrisce
Elefante — nitrisce
Leone — pigola

Asino — abbaia
Gatto — muggisce
Mucca — raglia
Cane — miagola

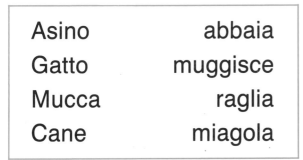

I PESCI ROSSI

■ Metti le parole mancanti nelle caselle vuote:

| vetro | | pesci |

I [ ] rossi sono due e nella vasca di [ ] hanno tutto il posto per nuotare.

■ Quale di queste due parole metti nella casella vuota?

| Roma | | scuola |

Luca ogni mattina prima di andare a [ ] dà da mangiare ai pesci.

■ Di queste tre parole una è in più.
Quale? Cancellala.

| carrozza |

| vivono |

| l'acqua |

■ Completa:

Una volta alla settimana Luca cambia [ ], così i pesci [ ] a lungo.

LE LETTERE DEL PESCATORE

■ Cerchia la parola po':

— Mamma, ho fame!

Dammi un po' di pane,

un po' di salame,

un po' di torta,

un po' di gelato,

un po' di acqua,

un po' di ....

— Un po' di pazienza, ci vuole, Marco!

■ Completa:

Tra un poco (= po') arriva il babbo.

Tira un .... (= ....) di vento.

La strada è .... (= ....) bagnata.

Si vede .... (= ....) di luna.

Tra un .... (= ....) vengo a casa tua.

VERIFICA 3ª

■ Scrivi ogni parola al posto giusto:

scriva nia   scuote   fischiare   schiumose

aquilone

Nello studio del babbo vi è una ....
.... nuova.

Luca si mette a ...., Micio
ha paura: .... la sedia e
scappa.

Questa mattina il vento è furioso e
rende le onde ....

Oggi a scuola ho disegnato un ....
....

■ Completa:

Mario è un uomo simpatico. ....rza sempre con
tutti.

Il te .... orale riempie il cielo di la .... i e di tuoni.
Poi arriva l'a .... uazzone.

A Pas .... le campane s .... llano nel cielo azzurro
e tran .... llo.

COM'È?
(le qualità)

Il cane
piccolo.

Il
palloncino
rosso.

La casa grande
e rossa.

Com'è questo
uccellino?

Come sono
queste scarpe?

Com'è
Paperino?

Questo è
Luca.
Com'è?

COM'È?
(le qualità)

Il gatto ....

Il cielo ....

Il palloncino ....

■ Unisci il disegno alla qualità adatta:

La ha la superficie vellutata.

La ha la superficie rugosa.

La ha la superficie liscia.

MARE E MONTAGNA

■ Quali di questi oggetti trovi al mare? Quali in montagna?

SCARPONI   SCI   FUNIVIA   VELA

ZOCCOLI   BANCHI   OMBRELLONE

COSTUME DA BAGNO   NAVE   PINNE

SALVAGENTE   GESSETTO   CATTEDRA

SCIOVIA   BARCA   SPIAGGIA

RUSCELLO   CONCHIGLIA   ABETE

MARE	MONTAGNA

COME PUÒ ESSERE?

■ Come può essere? Metti in relazione:

ALBERO　　　　　VUOTA

STRADA　　　　　PESANTE

BOTTE　　　　　　SECCO

CARAMELLA　　　ASFALTATA

CARTELLA　　　　DOLCE

■ Come può essere? Metti in relazione:

CIELO　　　　　　　POTABILE

ACQUA　　　　　　　VELOCE

OMBRELLO　　　　　DISABITATA

MOTOCICLETTA　　NUVOLOSO

CASA　　　　　　　　APERTO

■ Come può essere? Metti in relazione:

ABITO　　　　GUSTOSA

VETRO　　　　ELEGANTE

AUTO　　　　　INTELLIGENTE

PERA　　　　　TRASPARENTE

BAMBINA　　　VELOCE

QUANTI GIOCATTOLI !

Quanti giocattoli
nelle vetrine!
Tutti si fermano
bimbi e bambine.
Ma si divertono
solo a vedere:
san già che tutto
non si può avere!

L. Schwarz
(Da: *Ancora... e poi basta*,
Mursia, Milano)

La mia bambola si chiama ....

Ha gli occhi .... e i capelli ....

Oggi le ho messo una camicetta ....

e una sottana ...., perché ....

....

....

Quando gioco con la mia bambola ....

....

....

■ Con quali giocattoli ti diverti?
   Quali giochi fai?

LUCA E IL NONNO

■ Riempi con le parole scritte in rosso le caselle vuote del racconto:

giocare	aprile	nonno

giornale	aquiloni

Spesso il nonno va a prendere Luca.

Lo accompagna sul grande viale dei giardini e si siede a leggere il [   ]. Luca incontra sempre qualche altro bambino, con cui si ferma a [   ].

Quando arriva il mese di [   ] incominciano le gare degli aquiloni e Luca, con l'aiuto del [   ], ha sempre degli [   ] bellissimi.

C'È   CI SONO

■ Completa con c'è   ci sono:

In giardino .... una rosa.

Nel canile .... il cane.

Sulla tavola .... il piatto.

In cielo .... le stelle.

Nel prato .... le margherite.

Sul banco .... i libri.

■ Completa con c'è   ci sono:

Nel cortile .... un gallo e .... le galline.

Nella piazza .... la fontana e .... i piccioni.

Nel mare .... la nave e .... le barche.

Al circo .... la scimmia e .... i leoni.

C'ERA   C'È

■ Completa:

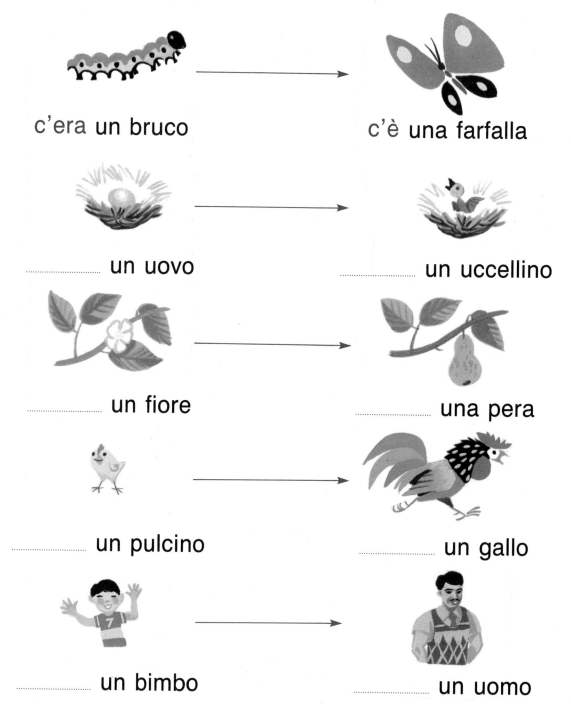

c'era un bruco

c'è una farfalla

.... un uovo

.... un uccellino

.... un fiore

.... una pera

.... un pulcino

.... un gallo

.... un bimbo

.... un uomo

■ Scrivi sul quaderno frasi con c'era   c'è.

COM'È?
(le qualità)

■ Metti in relazione: quali sono le qualità adatte al bambino? E quelle adatte al divano?

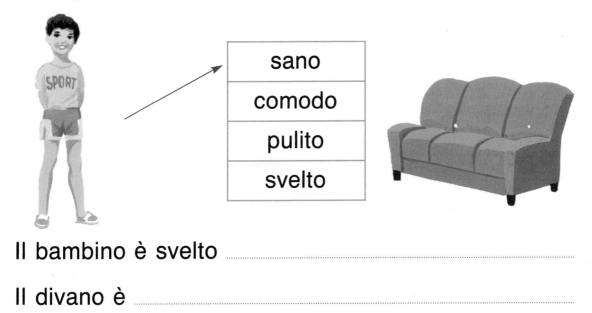

sano
comodo
pulito
svelto

Il bambino è svelto ....

Il divano è ....

■ Metti in relazione: quali sono le qualità adatte al budino? E quelle adatte al sedano?

crudo
tenero
dolce
duro
saporito

Il budino è ....

Il sedano è ....

METTI L'ARTICOLO

■ Metti la parola-articolo adatta davanti a ogni illustrazione e trascrivi:

| i | gli | le |

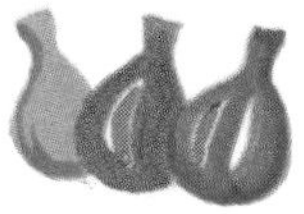

....

....

....

....

....

....

.... patate

.... automobili

.... piedi

.... alberi

■ Completa:

LA VETRINA PIÙ BELLA

.... vetrina più bella è quella dei giocattoli. C'è

.... bambola con .... capelli lunghi, ... fu-

cile e .... pistola dei cow-boy, ... razzo-robot,

.... sciabola del Corsaro Nero e .... cappello

di Zorro.

Gianni si incanta a guardare.

AZIONI IN SUCCESSIONE

■ Metti in ordine le azioni e ricopiale:

MICIO BIRICHINO

○   Si lecca i baffi.

○   È caduta un po' di carne dal tavolo.

○   L'ha mangiata in un solo boccone.

○   Micio è corso subito a prenderla.

....

....

....

....

CHICCO è piccolo. Non sa vestirsi. AIUTALO.

■ In quale ordine deve indossare questi indumenti?

○   SCARPE
○   MAGLIONE
○   CAMICIA
○   CALZONI
○   CALZINI
○   CAPPOTTO

QUALE AZIONE?

■ Quale azione compie? Metti in relazione:

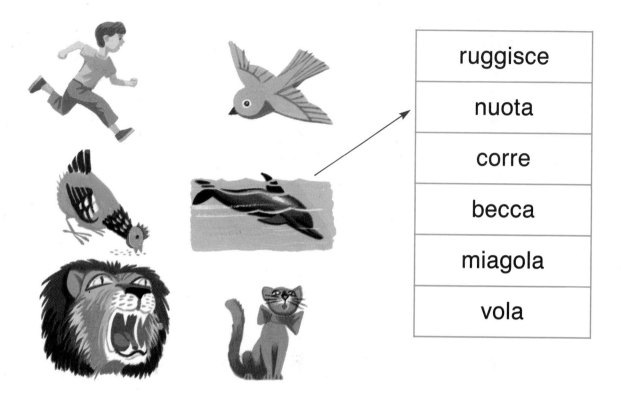

	ruggisce
	nuota
	corre
	becca
	miagola
	vola

■ Quale azione compie? Metti in relazione:

pittore	cura
automobilista	insegna
dottore	coltiva
insegnante	dipinge
contadino	vende
negoziante	guida

PENSA E SCRIVI

MUSOTONDO

Il mio gatto Musotondo
verdi ha gli occhi e il pelo biondo,
col nasetto impertinente
canzonar sembra la gente.

L. Schwarz
(Da: *Ancora... e poi basta,* Mursia, Milano)

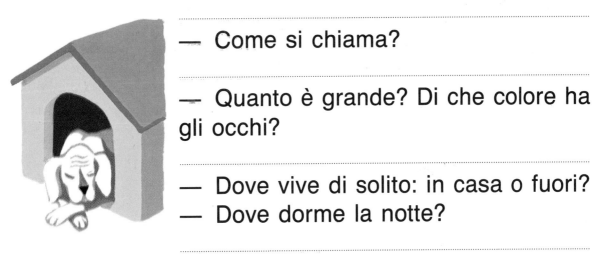

— Hai un gatto o un cane in casa?

— Come si chiama?

— Quanto è grande? Di che colore ha gli occhi?

— Dove vive di solito: in casa o fuori?
— Dove dorme la notte?

— Che cosa mangia? Chi lo cura di più in famiglia?

— Giochi con lui? Come? Quando?

PINOCCHIO

■ Completa i disegni:

Pinocchio incontra il Gatto e la Volpe.

Pinocchio semina le monete d'oro nel Campo dei Miracoli.

Il Gatto e la Volpe rubano le monete d'oro.

Pinocchio scava una buca, ma non trova più le monete d'oro.

C'È   NON C'È

■ Completa:

Nel mare c'è la barca.

Nel mare non c'è la barca.

Sul tavolo _____ la bottiglia.

Sul tavolo _____ la bottiglia.

C'ERA   NON C'È

Stanotte sul tetto c'era un gatto.

Stamattina non c'è più.

Ieri nel prato _____ una pecora.

Oggi _____ più.

HO HAI HA HANNO

■ Trascrivi:

....

....

....

....

■ Trascrivi in calligrafico e completa:

Io ho una
Tu hai i
Egli ha la
Noi **abbiamo** la
Voi **avete** la
Essi hanno le

Io ho una palla.

....

....

....

....

■ Scrivi delle frasi con: ho ha avete hai hanno abbiamo.

IL   **LO**   **LA**

■ Metti la parola-articolo davanti alla illustrazione e trascrivi:

la   ⟶   *la cassetta*

....   ⟶   ....

....   ⟶   ....

....   ⟶   ....

....   ⟶   ....

....   ⟶   ....

....   ⟶   ....

■ Metti l'articolo davanti al nome:

.... zio   .... porta

.... passero   .... corvo

.... sedia   .... steccato

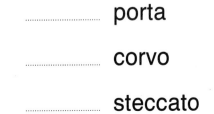

LA LETTERINA FINALE

■ Osserva l'ultima lettera, e trascrivi ogni parola nel riquadro adatto:

cavalli   passero   cappotti   sacco   ombrelli

| sacco | — o | | — i |

ruote   tenda   montagne   sedia   favole   maglia

| | — a | | — e |

finestra   ragazze   banchi   nuvola   vecchi

alberi   pigne   ramo   bambine   camino

cielo   ragazzo   sassi   pali   ferrovia

| | — a | | — e |

| | — o | | — i |

È   NON È

Il pane è
fresco

Il pane non è
stantio

La pera è
matura

La pera non è
acerba

Il sacco è
pieno

Il sacco non è

....

La candela è
accesa

La candela non è

....

Il mare è
calmo

Il mare non è

....

La strada è
larga

La strada non è

....

La finestra è
chiusa

La finestra non è

....

IL QUADRO DI PAPERINO

■ Leggi e disegna le scenette mancanti:

1 Paperino deve appendere un quadro alla parete.

2 Va a prendere chiodi e martello.

3 Sale sulla scala.

4 Cade dalla scala e rompe il quadro.

1   2   3   4

HA NON HA / HANNO NON HANNO

■ Completa:

Ha i rami		Non ha ....
Ha la sella		Non ha ....
Ha il tetto		Non ha ....

HO ....

Oggi

ho letto un giornalino
....
....

ho scritto una cartolina
....
....

ho ....
....
....

UNO / PIÙ DI UNO

il topo   i topi

.... casa

.... bicicletta

.... salame

.... scolaro

.... noce

.... tasca

.... lepre

UNO   PIÙ DI UNO

la prugna ——→ le prugne

.... strega ——→ ....

.... bocca ——→ ....

.... biglia ——→ ....

.... rondine ——→ ....

.... acquario ——→ ....

PIÙ DI UNO   UNO

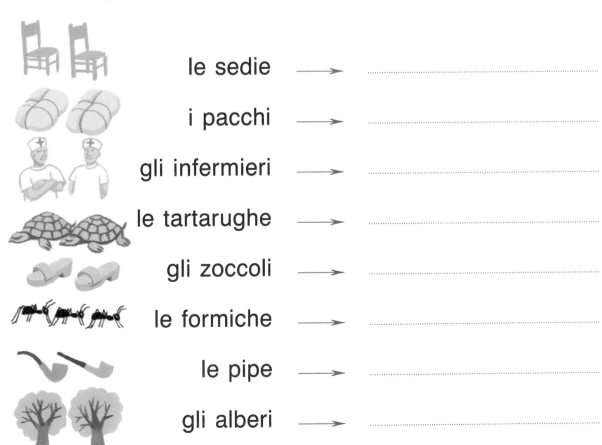

le sedie ——→ ....

i pacchi ——→ ....

gli infermieri ——→ ....

le tartarughe ——→ ....

gli zoccoli ——→ ....

le formiche ——→ ....

le pipe ——→ ....

gli alberi ——→ ....

IL FUMETTO MISTERIOSO

■ Che cosa succede in queste scenette? Raccontalo:

■ Quali altre parole della poesia hanno le lettere uguali a quelle scritte in rosso?

BAMBOLONE

Bambolone pacioccone
niente grassi a colazione!
Contro la pancia

e la grassezza
ci vuole costanza,
ci vuole fermezza!

(Da: *Il meraviglioso mondo della fantasia*, Mondadori, Milano)

■ Inventa una storia: un personaggio è BAMBOLONE. Raccontala con tre disegni:

METTI UN TITOLO

■ Metti un titolo a questo racconto:

Una lontana città era invasa dalle automobili, che occupavano tutti i marciapiedi e le piazze.
Un uomo misterioso cominciò a suonare un piffero magico e tutte le automobili lo seguirono finché precipitarono in un fiume.
Il sindaco della città premiò l'uomo del piffero.

G. Rodari
(rid.)

■ È un racconto vero o inventato?

■ Prova a mimarlo con i tuoi compagni.

■ Illustra il racconto con due disegni.

C'ERA C'ERANO

■ Completa:

Prima in cantina c'era un topo.

Anticamente sulla torre _____ l'orologio.

Un mese fa sulla finestra _____ un geranio.

Un'ora fa nel campo c'erano i contadini.

L'autunno scorso nel bosco _____ i funghi,
e nella pineta _____ le pigne.

■ Completa:

Prima nel cesto _____ la gatta
e _____ i gattini.

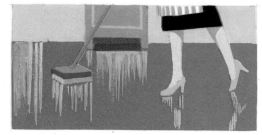

Ieri nella stalla _____ le
mucche e _____ un vitellino.

L'estate scorsa al mare _____
tante persone e _____ un bagnino.

La mamma lucida i pavimenti con la cera.

L'ACCENTO

■ Cerchia le parole con l'accento:

Giosuè voleva dare una lezione di velocità al suo amico.
Mise il casco, i guanti, la tuta e salì sulla sua motoretta.
— Arriverò per primo — gridò — e partì.
Non vide un palo e cascò.

GRIDO	non è GRIDÒ	PERO non è PERÒ
FARO	non è FARÒ	CASCO non è CASCÒ
BACIO	non è BACIÒ	BALLO non è BALLÒ
PASSERO	non è PASSERÒ	SUONO non è SUONÒ

■ Completa con:

sarò   caffè
canterò   dà   città

Il babbo beve il ....

Io .... una canzone.

Marco .... il pallone a Luigi.

Io .... buono con i miei compagni.

Per le strade della .... c'è molto traffico.

CHI CERCA TROVA *1° tempo*
(storia in due tempi)

■ Leggi il racconto. Metti in relazione i nomi scritti in rosso col disegno corrispondente di pag. 113 come nell'esempio:

Stella e Leonello sulle loro biciclette corrono su un sentiero in mezzo agli alberi. A un certo punto vedono in mezzo al sentiero un grosso tronco tagliato.

— Accidenti! dice Leonello — non si può passare.

Allora Stella appoggia al tronco la sua bicicletta e dice:

— Questo tronco è una simpatica panchina e io sono stanca.

E si siede a riposare.

Invece Leonello sale sopra il tronco e dritto là in piedi dice:

— Altro che panchina! Questa è una nave.

E si mette a camminare avanti e indietro fra i rami.

Subito Stella dice:

— Se è una nave, anch'io ci sono sopra e viaggio con te sul mare.

(continua a pag. 114)

CHI CERCA TROVA *1° tempo*
(storia in due tempi)

Stella e Leonello sulle loro 🚲🚲 corrono su

un _____ in mezzo agli 🌳🌳🌳 . A un certo

punto vedono, in mezzo al _____ un grosso

_____ tagliato.

— Accidenti! dice Leonello — non si può più passare.

Allora Stella appoggia al _____ la sua 🚲 e dice:

— Questo _____ è una simpatica _____ e io

sono stanca.

E si siede a riposare. Invece Leonello sale sopra il

_____ e dritto là in _____ dice:

— Altro che _____ ! Questa è una _____ — e

si mette a camminare avanti e indietro fra i _____ .

Subito Stella dice:

— Se è una _____ , anch'io ci sono sopra, e viag-

gio con te sul _____ .

CHI CERCA TROVA *2° tempo*

(segue da pag. 112)

— Io dico che presto scopriremo un'isola e in mezzo all'isola, fra le palme, troveremo un tesoro nascosto dai pirati.

E i due bambini si mettono a parlare del tesoro. Chissà dove sarà. Sotto un albero? Oppure in una grotta? Oppure in un vecchio castello in rovina?

— A me piacciono di più i castelli in rovina — dice Stella.

— A me invece le grotte — dice Leonello. E mentre finge di esplorare una grotta, vede fra i sassi vicino ai piedi di Stella uno scintillìo.

— Ecco il tesoro! — grida e prende su trionfante da terra una moneta.

Sono duecento lire lucenti proprio come una moneta d'oro.

— Siamo davvero fortunati — dice Stella. — Vedi? Bisogna sempre cercare un tesoro e poi qualcosa si trova sempre.

FINE

G. Petter - B. Garau
(Da: *Piccole storie sorridenti,* Giunti, Firenze)

CHI CERCA TROVA 2° *tempo*

■ Che cosa puoi disegnare nelle caselle vuote? Guarda i nomi scritti in rosso a pag. 114.

Io dico che presto scopriremo un' [ ] e in mezzo

all' [ ] , tra le [ ] , troveremo un

nascosto dai [ ] .

E i due [ ] si mettono a parlare del [ ] .

Chissà dove sarà. Sotto un [ ] ? Oppure in una

[ ] . Oppure in un vecchio [ ] in rovina?

— A me piacciono di più i [ ] in rovina — dice Stella.

— A me invece le [ ] — dice Leonello. E mentre

finge di esplorare una [ ] , vede fra i [ ]

vicino ai [ ] di Stella uno scintillìo.

— Ecco il [ ] ! — grida e prende su trionfante

da terra una [ ] .

Sono duecento lire lucenti proprio come una [ ] d'oro.

— Siamo davvero fortunati — dice Stella. — Vedi? Bisogna sempre cercare un [ ] e poi qualcosa si trova sempre.

ho oppure o?   ha oppure a?
hai oppure ai?   hanno oppure anno?

■ Cerchia di rosso la forma verbale di avere:

Luca (ha) la bicicletta e va ai giardini.

Io ho una mela e una banana. Vuoi la mela o la banana?

Luca ha un anno. Anche Sara ha un anno. Luca e Sara hanno un anno.

Io ho la palla e vado a giocare.
— Tu vieni a giocare?

■ Completa:

Vieni con me .... vedere le giostre .... vai ....
giardini .... vedere le scimmie?

Tu .... la cartella e vai .... scuola; io .... la palla
e vado .... giardini.

Il nonno .... la pipa; la nonna lavora .... maglia.
I nonni .... una bella casa.

IL MIO TELEVISORE

Il mio televisore è a colori e ha il telecomando. Lo teniamo in salotto su un carrello coi piani di vetro. Il carrello ha tre piani: sul primo ci sta il televisore, gli altri due sono occupati dai libri di papà. Vicino al televisore c'è un vaso con una grande pianta; la mamma dice che quello è il suo posto, perché è vicino alla finestra.

■ Qual è l'illustrazione adatta per questo brano?

■ Trova due qualità per ogni nome:

— mamma
— televisore
— finestra

117

IL GIOCO DEL FAZZOLETTO

■ Che cosa succede in queste scenette? Scrivilo qui sotto.

LA ZANZARA PUNITA

■ Sottolinea le parole con l'accento:

Una zanzara, volando qua e là, vide un leone che dormiva. Pensò di fargli un dispetto e lo beccò con forza sul muso. Il leone reagì con rabbia; ma la zanzara fuggì svelta e soddisfatta. Mentre andava a raccontare il fatto alle sue amiche, rimase imprigionata in una ragnatela, e il ragno se la mangiò.

V. Fortunato - N. Giacomo
(Rid. da: *Favole più,* Mondadori, Milano)

■ Quali sono i personaggi del racconto?
Segnali con una crocetta:

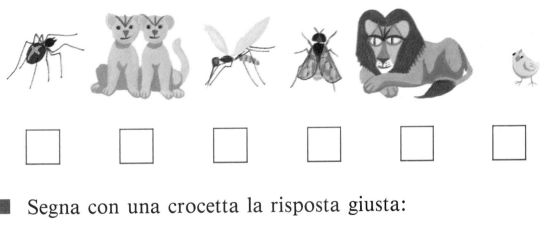

☐   ☐   ☐   ☐   ☐   ☐

■ Segna con una crocetta la risposta giusta:

Il leone — vuol fare uno scherzo alla zanzara ☐
— riceve un torto dalla zanzara ☐

La zanzara — è dispettosa ☐
— fa compagnia al leone ☐

119

ESCLAMAZIONI

■ Trascrivi le parole del fumetto:

AI GIARDINI

Un gruppetto di bimbi si avvia verso i giardini. C'è un fossatello laggiù; l'acqua vi passa sotto lentamente.
— Facciamo i salti su questo ponticello? — propone Camillo.
Uno, due, tre! E salti e colpi sul ponticello traballante.
— Volete andare a far compagnia ai pesci? — chiede un signore, passando.
Ma i due bimbi continuano il loro gioco.
Ad un certo punto ....

A. Foce
(Da: *Tanti racconti per tanti bambini*, La Scuola, Brescia)

■ Rispondi:

— Dove si trovano i bambini?

— Che cosa si divertono a fare?

— Il ponticello è *traballante* perché:

- ci ballano sopra ☐
- tira il vento ☐
- è fatto apposta per saltare ☐

— Che cosa significa «volete andare a fare compagnia ai pesci?»

— Chi sono i personaggi?

— Ad un certo punto arriva .... chi arriva?

- un vigile urbano?
- una farfalla?
- il padre di Camillo?
- un signore?

— I bambini gli danno retta?
— Come andrà a finire?

121

AL MARE

SILVIA

Silvia è al mare con la zia e i cuginetti. La mamma li raggiungerà tra qualche giorno, con il resto della famiglia, quando anche papà sarà in ferie.
— Chi viene a fare il bagno con me? — chiede la zia. Tutti naturalmente si tuffano con lei.
Silvia, prima di bagnarsi, ripensa a tutte le raccomandazioni che le ha fatto la mamma ...

(Da: *Silvia impara a sciare,* F.lli Fabbri, Milano)

■ Racconta con quattro disegni una tua esperienza al mare. Metti un titoletto ad ogni disegno.

1	2
3	4

■ Sul quaderno riscrivi i titoletti uno vicino all'altro. Leggili. Riassumono la storia che volevi raccontare?

ALBERI

Gli alberi che vedemmo
lungo il fiume
tutto un inverno nudi
hanno le foglie nuove
e i tronchi neri.

V. Cardarelli
(Da: *Poesie,* Mondadori, Milano)

■ Questa poesia parla dell'inverno o della primavera?
Rispondi alle domande:

— Dove si trovano gli alberi?

....

— Come erano in inverno?

....

— Perché hanno le foglie nuove?

....

■ Illustra la poesia con un disegno:

F o V?

■ Completa:

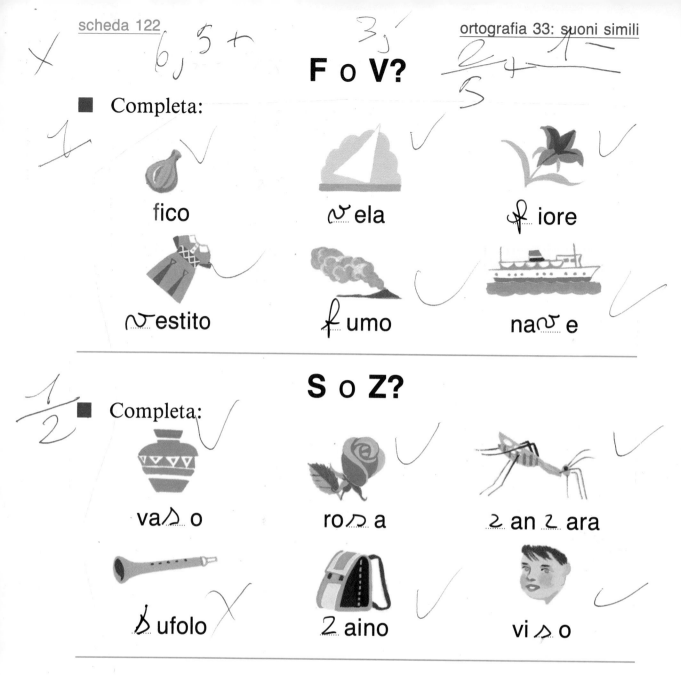

fico

   ela

   iore

   estito

   umo

na e

S o Z?

■ Completa:

va o

ro a

 an ara

  ufolo

 aino

vi o

P o B?

■ Completa:

  ane

 am ola

  era

  oltrona

 andiera

  arca

QUALE LETTERA MANCA?

■ Metti la lettera che manca:

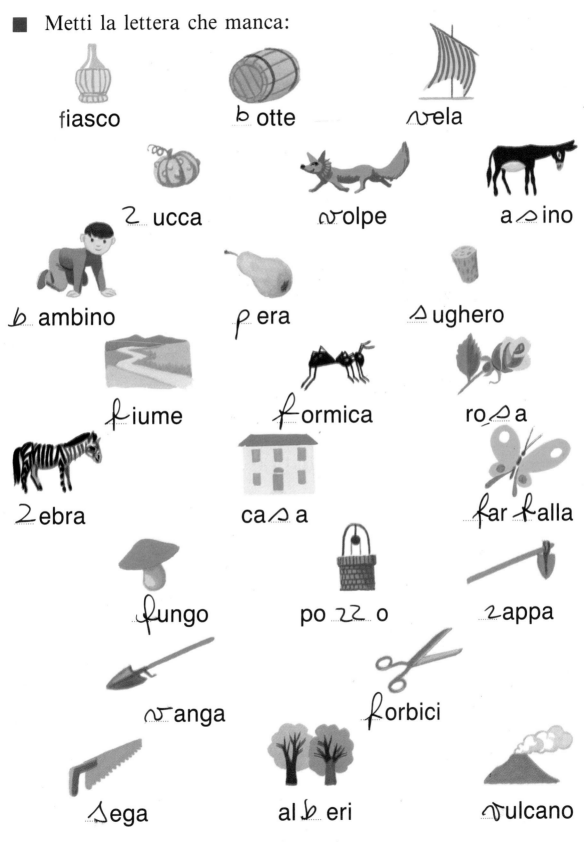

fiasco

b otte

ᴧela

Z ucca

ᴧolpe

a ᷅ino

b ambino

ρ era

᷅ughero

ƒiume

ƒormica

ro ᷅ a

Zebra

ca ᷅ a

far ƒalla

ƒungo

po ZZ o

Zappa

ᴧanga

ƒorbici

᷅ega

al b eri

ᴧulcano

VERIFICA 4ª

■ Completa:

Prima *c'erano* tante nuvole; ora c'è l'arcobaleno.

Uhm, che buono! — dice sempre la nonna quando beve una tazzina di *tè*.

Nel canile c'era Lilly; ora ~~non c'è~~ *ci sono* anche quattro cuccioli.

Oggi andrò *a* giocare con Lisa *e* Paola.
Esse *hanno* tanti giocattoli.

Io *ho* il costume da cow-boy. E tu?

Stamattina *c'era* un po' di nebbia; ora non *c'è* più.

I miei vicini *hanno* la televisione a colori; io *ho* l'automobile nuova.

Hoo, come sono graziose quelle scarpe!

Ogni giorno tira vento *e* piove.

INDICE